Desmontando las críticas a Bitcoin

UN ANÁLISIS A LOS PRINCIPALES MITOS Y CRÍTICAS QUE RODEAN A BITCOIN

ÁLVARO SUÁREZ BRAVO

ISBN 979-83-8990-2-787

A la comunidad Bitcoin

CONTENIDO

PREFACIO

Si algo es evidente, es que Bitcoin no deja a nadie indiferente. Bitcoin cuenta con un gran número de partidarios y detractores, cuyas posiciones en ocasiones están fundamentadas en argumentos sólidos, y en otras ocasiones basadas únicamente en titulares de prensa y mitos persistentes.

En mi caso, como firme defensor de las bondades de Bitcoin, creo que es importante no ignorar las críticas de aquellos que tienen opiniones opuestas. Es bueno escucharlas y analizarlas para comprender cuánto de verdad hay en ellas. Si una crítica no se puede defender con argumentos y pruebas, es posible que contenga algo de verdad. Bitcoin es una ciencia y no debemos convertirlo en un acto de fe o dogma.

> *Afirmaciones extraordinarias requieren evidencias extraordinarias*
>
> (Sagan, 1979)

Lo cierto es que Bitcoin ha sido objeto de malentendidos y de multitud de críticas y juicios injustos desde la publicación de su *white paper* hace catorce años. Comprender completamente Bitcoin es complejo, ya que combina áreas de conocimiento muy diversas que nos sacan de nuestra zona de confort.

Como se suele decir, Bitcoin es una madriguera de conejo en la que, una vez dentro, no sabemos por dónde nos llevará y quizá nunca dejemos de aprender cosas nuevas. Ante esta situación, hay quienes se enfrentan con humildad, deciden darle una oportunidad y dedicarle el tiempo que Bitcoin necesita y se merece, y hay quienes no lo hacen. Mi experiencia me dice que aquellos que deciden darle esta oportunidad acaban convirtiéndose en partidarios en lugar de detractores.

> *Escribir una descripción de esta cosa para el público en general es muy difícil. No hay nada con que relacionarlo.*

(Nakamoto, Re: Slashdot Submission for 1.0, 2010)

Tras miles de horas de estudio escribí en 2022 el libro *Los fundamentos de Bitcoin* con el objetivo de acortar la curva de aprendizaje para aquellos que se inician en el descubrimiento de esta invención, proporcionando una visión de 360 grados de lo que es Bitcoin. Y mientras escribía el libro, consideré la posibilidad de incluir un capítulo dedicado a analizar las principales críticas que recibe Bitcoin. Finalmente, decidí no hacerlo porque pese a apoyarse en datos objetivos, posee cierto grado de subjetividad y de incertidumbre, lo que hace imposible llegar a una conclusión clara y contundente.

Aunque finalmente no incluí dicho capítulo, el deseo de llevarlo a cabo y ofrecerlo al mundo no desapareció. Fruto de ese deseo, surge este segundo libro, en el que se analizan algunas de estas críticas y mitos ya populares que rodean a esta invención. Críticas que han sido repetidas y contestadas en múltiples ocasiones y desde distintos puntos de vista. Con este libro, intento entender las afirmaciones desde uno y otro lado, a favor y en contra, y crearme mi propio punto de vista.

Espero que estos análisis sirvan para aportar algo de claridad y, quien sabe, incluso para "convertir" a algunos detractores en partidarios. Esto no siempre será posible y no nos quedará más que decir que la ya célebre frase de Nakamoto: "Si no me crees o no lo entiendes, no tengo tiempo para intentar convencerte, lo siento."

En cualquier caso, quería tomar un momento para agradecerte personalmente por tu apoyo y por tomarte el tiempo para leer mi trabajo. Son los lectores como tú los que me animan a seguir creando contenido como este. Si has adquirido este libro pagando por él, te doy las gracias y te pido un favor, cuando lo termines deja un comentario o valoración donde lo hayas adquirido. Si, por el contrario, lo has conseguido gratis y crees que lo merece, puedes ayudar con una pequeña donación en bitcoin. Cualquier cantidad, por pequeña que sea, será muy apreciada.

Puedes donar con Lightning en la página:

https://getalby.com/p/asuarezbravo

Para donar con bitcoin on-chain usa la siguiente dirección o QR:

bc1q2regp07uyk70la4rarcp0nf6jkjzj788dtccww

Una vez más, muchas gracias por leer mi libro y por considerar hacer una donación. Tu apoyo significa mucho para mí.

1

BITCOIN NO TIENE VALOR INTRÍNSECO

Sin duda, "bitcoin no tiene valor intrínseco" es una de las frases más utilizadas por sus críticos. Utilizan esta afirmación como argumento para sostener que "bitcoin no tiene utilidad", "bitcoin es un activo puramente especulativo", "el precio de bitcoin debería ser 0", "bitcoin no puede funcionar como dinero", "no se debería invertir en bitcoin", "bitcoin es una burbuja" o que "bitcoin es un fraude". En verdad, la frase con la que empieza este párrafo es solo el punto de partida para muchos otros argumentos contrarios a bitcoin.

JPMorgan CEO: Bitcoin Has No Intrinsic Value, Regulators Will 'Regulate the Hell out of It'

Ilustración 1: Palabras de Jamie Dimon, CEO de JPMorgan y uno de los críticos de Bitcoin más visibles. Fuente: Bitcoin.com.

Pero antes de evaluar si esta afirmación es verdadera o falsa, y si eso es bueno o malo, es importante entender qué significa el término "valor intrínseco".

Según el sitio web Investopedia:

> *El valor intrínseco es una medida de lo que un activo vale. Esta medida se calcula mediante un cálculo objetivo o un modelo financiero complejo. El valor intrínseco es diferente del precio de mercado actual de un activo. [...] El análisis financiero utiliza el flujo de caja para determinar el valor intrínseco o subyacente de una empresa o una acción.*

(Investopedia, 2022)

En el mundo financiero se suele utilizar una definición ampliamente aceptada que indica que el valor intrínseco de una compañía se determina por los flujos de caja que genera. Por lo tanto, algunos críticos que están familiarizados con el mundo de las finanzas tradicionales afirman que Bitcoin no tiene valor intrínseco porque no genera flujos de caja. Si nos atenemos a esta definición, es cierto que bitcoin no tiene valor intrínseco. Sin embargo, comparar Bitcoin con una compañía es un error.

Bitcoin es un sistema descentralizado que no está controlado por una o varias personas, y no paga dividendos a sus poseedores. Pero decir que Bitcoin no tiene valor por este motivo es un claro indicador de no entender qué es Bitcoin, por qué se creó y cuál es su objetivo. Bitcoin nació como un protocolo de transmisión de valor sin intermediarios, y la unidad de valor que se utiliza en la red es el bitcoin, una nueva forma de dinero por y para internet, en la que transmitir valor sea tan fácil como enviar un correo electrónico.

El valor del dinero

A lo largo de la historia han existido muchas formas de dinero: conchas marinas, sal, piedras preciosas, oro, dinero de banco central, y podríamos seguir. Ninguna de ellas ha generado flujos de caja y pese a ello, evidentemente les damos valor. ¿En qué se basa el valor de un activo que aspira a convertirse en una forma generalizada de dinero? Su valor viene determinado por cómo cumple las tres funciones principales del dinero: medio de intercambio, reserva de valor y unidad de cuenta. Es decir, el valor de cierta forma de dinero es aquello que hace que funcione bien como dinero, única y exclusivamente. No necesita tener otras utilidades.

Hay quien argumentará que el oro, que funcionó como dinero durante más de 5.000 años y actualmente sigue funcionando como reserva de valor, sí tiene valor intrínseco más allá de su valor como dinero, ya que se usa con otros fines: joyería, electrónica, etc. Pese a ser cierto, el porcentaje de oro que se usa para dichos fines frente a lo que se dedica a reserva de valor es prácticamente despreciable. Y es esa función como reserva de valor la que afecta mayoritariamente a su precio en el mercado. Si de repente la gente decidiera que ya no quiere emplearlo como reserva de valor y todo este oro se vendiera, su precio caería drásticamente. Pero incluso podríamos decir que el hecho de que el dinero tenga otras utilidades puede llegar a ser contraproducente. Si se descubriera una utilidad increíblemente importante para dicho activo que funciona como dinero, lo que podría llegar a ocurrir es que la gente dejara de utilizarlo como forma de intercambio o ahorro y acabe perdiendo su función como dinero.

Sus funciones como medio de intercambio, reserva de valor o unidad de cuenta dan valor a bitcoin. ¿Pero es ese su valor intrínseco? Cuando se habla de una cualidad intrínseca, normalmente se hace referencia a una propiedad innata y no nacida como fuente de una necesidad. En filosofía moral, se distingue entre valor intrínseco y valor extrínseco o instrumental en función de si algo tiene valor por sí mismo o si lo obtiene como medio para conseguir un fin respectivamente. Una herramienta o electrodoméstico, como un martillo o una lavadora, tiene un valor instrumental porque ayuda a clavar un clavo o limpiar la ropa. Por lo general, se considera que la felicidad y el placer tienen un valor intrínseco en la medida en que preguntar por qué alguien los querría tiene poco sentido: son deseables por sí mismos, independientemente de su posible valor instrumental.

Ludwig von Mises, historiador, filósofo y reconocido economista austriaco, dijo:

> *El valor no es intrínseco, no está en las cosas. Está dentro de nosotros; es la forma en que el hombre reacciona a las condiciones de su entorno. El valor tampoco está en las palabras y las doctrinas, se refleja en la conducta humana. Lo que cuenta no es lo que un hombre o grupos de hombres digan sobre el valor, sino cómo actúan.*

El dinero es una creación humana cuyo objetivo es prestar las tres funciones que hemos comentado anteriormente. Por tanto, podemos afirmar que dichas funciones son su valor extrínseco, no nace con ellas. ¿Cuáles son las propiedades que nos permiten "medir" el valor instrumental de algo que pretende funcionar como dinero? Vijay Boyapati (2018) nos da en *The Bullish Case for Bitcoin* (Boyapati, 2018) la lista de propiedades normalmente aceptadas como propiedades que debe tener un bien para funcionar bien como dinero:

1.   Duradero: debe ser no perecedero y resistente. Es por este motivo por el que los tomates no serían una buena forma de reserva de valor. Bitcoin no tiene forma física, por lo que su durabilidad viene determinada por la durabilidad de la red Bitcoin. Lleva relativamente poco tiempo funcionando y es pronto para afirmar si será duradero o no; sin embargo, es muy esperanzador dada la resistencia de este tipo de redes P2P frente a ataques o fallos.

2.   Transportable: debe ser fácilmente almacenado y poder transportarse. Esto permite llevarlo con nosotros en caso de tener que desplazarnos a otro lugar del mundo. En este sentido, un activo ligero y con poco volumen cumplirá esta propiedad mejor que un elemento pesado o voluminoso. Bitcoin no ocupa espacio físico, ya que está almacenado en los nodos de la red. Para acceder a mis fondos solo necesito escribir o memorizar una clave privada, independientemente de si da acceso a 1 bitcoin o a 21 millones. Lo puedo llevar a cualquier sitio sin esfuerzo.

3.   Fungible: Es deseable que cualquier unidad de un bien que funcione como dinero sea intercambiable por otras unidades de este bien, siendo imposible distinguir entre unas unidades y otras. Sin fungibilidad se acrecienta el problema de la coincidencia de deseos y se pierde privacidad en los intercambios. En este sentido, el oro funciona mejor que las conchas marinas, ya que cada concha tiene una forma, tamaño o color. En el caso de Bitcoin, hoy día no se puede considerar

fungible a menos que se utilicen mecanismos adicionales para aumentar la privacidad. Cada transacción y bitcoin es rastreable. Si ciertos bitcoins han pasado por una dirección involucrada en alguna actividad ilícita, podrían llegar a estar "manchado" y no ser tratado igual que el resto.

4.   Verificable: Es importante que se pueda verificar fácilmente que dicho bien es auténtico y no una falsificación. Confiar en que estamos obteniendo algo real facilitará que el intercambio llegue a producirse. Los bitcoins se pueden verificar con certeza matemática. Mediante el uso de firmas criptográficas, el propietario de un bitcoin puede demostrar públicamente que posee los bitcoins que dice poseer.

5.   Divisible: Debe ser fácilmente divisible en partes más pequeñas. Algo que no pueda dividirse dificulta el intercambio en sociedades grandes y complejas, con un mayor número de bienes que se pueden intercambiar entre sí. Los bitcoins se pueden dividir y transmitir hasta la cienmillonésima parte de un bitcoin (satoshis).

6.   Escaso: Es deseable que el bien no exista de forma abundante ni sea fácil de obtener o producir. La escasez es quizás el atributo más relevante de una reserva de valor, ya que aprovecha el deseo humano innato de recolectar lo que es raro. Es la fuente del valor original de la reserva de valor. Un incremento incontrolado de la oferta genera una devaluación de dicho bien. Bitcoin es el gran ganador en esta categoría. Está escrito en el código que nunca existirán más de 21 millones, 19 de los cuales ya se han creado. Es-

to le da al propietario de bitcoins un porcentaje conocido del suministro total posible y la seguridad de que el porcentaje del total nunca va a cambiar.

7.   Historia establecida: cuanto más tiempo la sociedad perciba que el bien ha sido valioso, mayor será su atractivo como reserva de valor. Una reserva de valor establecida hace mucho tiempo será difícil de desplazar por un bien distinto, excepto que sea por la fuerza o si el nuevo bien presenta una ventaja significativa entre los otros atributos enumerados anteriormente. Bitcoin, a pesar de su corta existencia, ha superado suficientes pruebas en el mercado para que desaparezca en un corto plazo. El efecto Lindy sugiere que cuanto más tiempo exista Bitcoin, mayor será la confianza de la sociedad en que seguirá existiendo en el futuro.

8.   Resistente a censura: un nuevo atributo, que se ha vuelto cada vez más importante en nuestra sociedad digital moderna, es la resistencia a la censura. Es decir, cómo de difícil es para un tercero como una corporación o un estado impedir que el propietario del bien lo conserve y lo use. Los bienes resistentes a la censura son ideales para aquellos que viven bajo regímenes que intentan imponer controles de capital o prohibir diversas formas de comercio pacífico. En la transmisión de bitcoins no hay intervención humana para decidir si se debe permitir la transacción o no. Como red distribuida entre pares, Bitcoin está, por su propia naturaleza, diseñado para ser resistente a la censura.

Estas propiedades le dan valor a Bitcoin y hacen de este nuevo activo la mejor forma de dinero existente que ha conocido el hombre. ¿Tienen valor intrínseco estas propiedades por sí solas? No. Que el número de unidades de un activo sea escaso es algo positivo si va a ser utilizado como forma de dinero, pero se consideraría negativo en otras circunstancias, por ejemplo, si hablamos del agua o el oxígeno en la Tierra. Además, su "valor intrínseco" puede cambiar con el tiempo. El valor que le podemos dar al agua es distinto dependiendo de si hace calor o no, si hemos hecho deporte, o si llevamos 2 días sin beber y estamos a punto de deshidratarnos.

Ilustración 2: Parece que JPMorgan finalmente encontró valor a Bitcoin. 22/julio/2021. Fuente: Nasdaq.com.

Conclusión

Podemos concluir que, pese a que el concepto de valor intrínseco es atractivo y parece acertado, en la mayoría de las ocasiones estamos hablando de valor instrumental, subjetivo a la persona, momento y lugar. Bitcoin tiene valor extrínseco y no aporta el mismo valor a todo el mundo y en todo momento. Eso no quiere decir que no sea útil, todo lo contrario. Si estoy huyendo de un país a otro y quiero llevar todo mi dinero conmigo sin que me lo requisen, Bitcoin me aporta mucho valor, posiblemente más que en otras circunstancias. Bitcoin aporta un gran valor como dinero y el dinero no necesita tener otra utilidad más allá de la de funcionar simplemente como dinero.

2

BITCOIN ES UN FRAUDE, UN ESQUEMA PIRAMIDAL, UN PONZI

Clasificar a bitcoin como un fraude es otra de las afirmaciones repetitivas entre desconocedores y detractores. En muchas ocasiones, dicha crítica se apoya en afirmaciones tales como "bitcoin no tiene valor intrínseco", "bitcoin no tiene utilidad" o "bitcoin es pura especulación".

¿Es bitcoin realmente un fraude o un esquema piramidal? Antes de poder decir si hay algo de verdad en esta afirmación, veamos cómo clasifica la CNMV, el organismo regulador de los mercados de valores en España, una estafa o fraude financiero:

> *Una estafa financiera es una acción realizada por una persona o empresa que causa un perjuicio económico a un tercero mediante engaño y con ánimo de lucro.*

(CNMV, 2022)

En la definición anterior hay dos puntos interesantes que ponemos analizar y comparar con bitcoin:

- Es una acción realizada por una persona o empresa.

- Causa un perjuicio económico a un tercero mediante engaño y con ánimo de lucro.

Analicemos estos dos puntos.

Una estafa financiera es una acción realizada por una persona o empresa

Bitcoin no está controlado por una persona, empresa o entidad. Bitcoin se anunció al mundo el 31 de octubre de 2008 cuando una persona o grupo de personas bajo el pseudónimo de Satoshi Nakamoto publicó el white paper en un artículo con formato académico describiendo su funcionamiento. Dos meses más tarde, Nakamoto lanzaría la red y haría público el código para que cualquiera pudiera unirse a la red y participar en el desarrollo del protocolo. Nakamoto siguió colaborando en el proyecto hasta 2011, año en el que se desvaneció.

Pese a numerosos esfuerzos por averiguar la identidad del creador de Bitcoin, esta sigue siendo un misterio. En muchas ocasiones, se considera su anonimidad como algo negativo. ¿Por qué prefirió permanecer en el anonimato? ¿Para evitar consecuencias en caso de descubrirse su fraude? ¿Pudo ser porque era consciente de que lo que estaba haciendo era profundamente subversivo y que se convertiría en un enemigo del estado si Bitcoin tenía éxito? ¿O por qué creía que era algo vital para un proyecto cuyo objetivo era permanecer completamente descentralizado y sin una figura prominente o líder?

Hoy en día se considera que hizo lo adecuado en este sentido. Una persona o líder con cierto poder en este tipo de proyectos no deja de ser un punto débil fácilmente atacable. Esto es algo que había quedado patente tras varios intentos previos de crear dinero privado en décadas anteriores.

En Bitcoin no hay entidades con privilegios, con roles especiales, ni con influencia suficiente para decantar el proyecto hacia sus intereses. La "guerra" por el cambio del tamaño de bloque entre 2015 y 2017 es prueba de ello. Te animo a que investigues lo acontecido.

Una estafa financiera causa un perjuicio económico a un tercero mediante engaño y con ánimo de lucro.

Bitcoin, en sí, no causa perjuicio económico a nadie. Bitcoin es neutral y cualquiera es libre de usar la red de Bitcoin para transferir, pagar o ahorrar en la moneda nativa de la red, el bitcoin. Mucha gente decide atesorar bitcoins, empleándolo como reserva de valor, con el objetivo de no perder poder adquisitivo en un marco económico de inflación galopante y desconfianza en los bancos centrales.

¿Hay fraudes alrededor de bitcoin? Sí, por supuesto. Igual que los hay en cualquier otro sector, ya sea financiero, inmobiliario, servicios, etc. No debe confundirse Bitcoin, el protocolo, con actores malintencionados que lo usan para fines ilegales o fraudulentos. Sería como decir que Internet es un fraude porque se emplea a la hora de cometer delitos y fraudes.

Tras analizar estos dos puntos, parece claro que bitcoin no encaja en la definición de fraude. Pero "fraude" es un concepto demasiado general. Vayamos al caso concreto de los fraudes conocidos como esquemas piramidales y esquemas ponzis.

En economía se conoce como **esquema de pirámide, esquema piramidal, fraude de pirámide empresarial o estafa piramidal** a un esquema de negocios en el cual los participantes tienen que recomendar y captar (referir) a más clientes con el objetivo de que los nuevos participantes produzcan beneficios a los participantes originales. Se requiere que el número de participantes nuevos sea mayor al de los existentes; por ello se le da el nombre de pirámide.

Los esquemas **Ponzi** son un tipo de esquema piramidal en el que una persona o institución funciona como dueño de la pirámide, pero se presenta como un mediador de inversiones. Así, el dueño de la pirámide recibe aportaciones de los participantes que promete invertir de nuevo y devolver la inversión inicial con intereses normalmente muy altos. Sin embargo, no existen tales inversiones, sino que se utilizan los aportes de los últimos participantes para pagar a los participantes que entraron antes.

Ilustración 3: Representación de un esquema piramidal.

Características de un esquema piramidal

Los esquemas piramidales presentan una serie de características comunes:

1. Promesa de beneficio

Mientras que, en los esquemas piramidales, el promotor del fraude promete rentabilidades elevadas con un riesgo "inexistente", en bitcoin no hay promesa de beneficio. Nakamoto nunca prometió retornos de inversión, y mucho menos retornos de inversión altos o retornos de inversión consistentes.

Nakamoto prácticamente nunca habló de ganancias financieras. Escribió principalmente sobre aspectos técnicos, sobre la libertad, sobre los problemas del sistema bancario moderno, etc. Escribía principalmente como un programador, ocasionalmente como un economista y nunca como un vendedor.

> *Los bitcoins no tienen dividendos ni potenciales divi-*
> *dendos futuros, por lo tanto, no son como una acción.*
> *Más como un coleccionable o materia prima.*
>
> (Nakamoto, Re: Bitcoins are most like shares of
> common stock, 2010)

Hay quien decide invertir en bitcoin con el objetivo de venderlo posteriormente y obtener un beneficio económico. ¿Lo convierte esto en un Ponzi? Que alguien compre bitcoin con la esperanza de venderlo a un precio superior al de compra, no es diferente de invertir en oro, divisas, renta fija, renta variable o entradas para conciertos con el objetivo de revenderlas. Los inversores (y especuladores), por normal general, siempre invierten con esperanza de que lo que están comprando aumente su valor, ya sea en el corto, medio o largo plazo.

Predicciones sobre su futuro precio hay y habrá. Hay que ser cauteloso y escuchar dichas predicciones con escepticismo o al menos cuestionarlas antes de dejarnos llevar por el consejo de terceros.

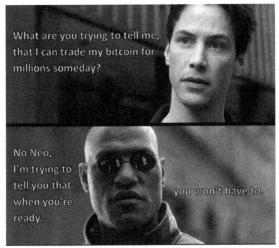

Ilustración 4: Popular meme de bitcoin y Matrix.

Que el valor y el precio de bitcoin aumente dependerá de su adopción como dinero y su utilidad. Un mayor uso probablemente signifique una mayor capitalización para cubrir la demanda. Mientras que en el caso de las divisas tradicionales su capitalización normalmente aumenta al incrementarse el número de unidades, bitcoin opta por hacer predecible la creación de nuevas monedas y limitar su cantidad en el tiempo, lo que en teoría llevaría a un aumento de valor si la demanda supera a la oferta.

> *El hecho de que se produzcan nuevas monedas significa que la oferta monetaria aumenta en una cantidad planificada, pero esto no necesariamente resulta en inflación. Si la oferta de dinero aumenta al mismo ritmo que aumenta el número de personas que lo utilizan, los precios se mantienen estables. Si no aumenta tan*

rápido como la demanda, habrá deflación y los prime-
ros tenedores de dinero verán aumentar su valor.

(Nakamoto, Bitcoin P2P e-cash paper, 2008)

2. Falta de transparencia

Normalmente, las estafas piramidales y esquemas
Ponzi ocultan información o directamente mienten a
los participantes respecto a qué se destina su dinero o
de dónde proviene ese beneficio económico prometi-
do. Es decir, los esquemas Ponzi basan su modelo en
gran parte en el ocultismo y el engaño.

Bitcoin, por el contrario, es totalmente público y
transparente. Su código ha estado accesible para todos desde el primer momento, y puede ser descarga-
do y ejecutado por quien lo desee y cuando lo desee.

> *Ser de código abierto significa que cualquiera puede re-*
> *visar el código de forma independiente. Si fuera de có-*
> *digo cerrado, nadie podría verificar la seguridad. Creo*
> *que es fundamental que un programa de esta natura-*
> *leza sea de código abierto."*

(Nakamoto, Re: Questions about Bitcoin, 2009)

El código de Bitcoin describe su funcionamiento,
incluyendo como se crea y se distribuye. La política
monetaria de creación de monedas y su distribución
es también transparente y predecible. La gente que
participa en la red ejecutando el código de bitcoin es
libre de dejar de hacerlo en cualquier momento si no
está de acuerdo con las decisiones tomadas sobre el
futuro de la red.

```
CAmount GetBlockSubsidy(int nHeight, const Consensus::Params& consensusParams)
{
    int halvings = nHeight / consensusParams.nSubsidyHalvingInterval;
    // Force block reward to zero when right shift is undefined.
    if (halvings >= 64)
        return 0;

    CAmount nSubsidy = 50 * COIN;
    // Subsidy is cut in half every 210,000 blocks which will occur
    // approximately every 4 years.
    nSubsidy >>= halvings;
    return nSubsidy;
}
```

Ilustración 5: Código con la distribución de nuevos bitcoins (subsidio).

3. Necesidad de captación de nuevos inversores

Un esquema Ponzi necesita de un flujo continuo de nuevos inversores que paguen a los inversores ya existentes. El protocolo de Bitcoin es ajeno al precio al que se compra o vende el bitcoin y no requiere de nuevos inversores para mantener su valor en lo que se respecta a su utilidad. Aunque su precio cayese a cero, la red seguiría funcionando como lo ha hecho hasta ahora. Lo único que necesita es de al menos una persona que ejecute el código de Bitcoin, un nodo.

Es importante destacar que bitcoin no tuvo un precio de compraventa en dólares hasta casi un año después de su lanzamiento, momento en el que se creó la primera plataforma P2P de compraventa, New Liberty Standard. No tener un precio en dólares no impidió que la gente le diera valor y gastara energía para minarlo, lo coleccionara y lo transfiriera.

> *Durante 2009, mi tasa de cambio la calculé dividiendo $1,00 por la cantidad de electricidad promedio necesaria para hacer funcionar un ordenador con un uso elevado de CPU durante un año, 1331,5 kWh, mul-*

tiplicado por el costo residencial de electricidad prome-
dio en los Estados Unidos durante el año anterior,
$0,1136, dividido por 12 meses y dividido por la can-
tidad de bitcoins generados por mi ordenador en los úl-
timos 30 días.

(NewLibertyStandard, 2009)

Si Satoshi Nakamoto hubiera lanzado bitcoin como una forma de esquema piramidal, posiblemente a
estas alturas ya hubiera vendido al menos parte del
millón de bitcoins que supuestamente minó durante
su participación en el proyecto. Nakamoto minó dichos bitcoins de la misma forma que el resto, apor-
tando poder computacional y la correspondiente
seguridad a la red. Hoy en día, no ha movido ni un
bitcoin de los que se le presuponen, más allá de los
que intercambió con otros colaboradores en el proyecto como Hal Finney.

Conclusión

Bitcoin no se ajusta a la definición de fraude o esquema piramidal. Tiene utilidad como moneda y su
valor se mantendrá mientras la gente siga encontran-
do valor en su utilidad. Bitcoin no está controlado por
una entidad o un grupo de personas, es completamente transparente, no promete beneficios económicos a
los que invierten o lo poseen, y no requiere nuevos
inversores para mantenerse en funcionamiento.

3

BITCOIN DERROCHA ENERGÍA

Esta es posiblemente la crítica más controvertida y que más ha sido analizada con estudios más o menos serios tanto a favor como en contra. También es uno de los puntos más subjetivos y que difícilmente va a decantar la balanza hacia un lado o el otro. Es difícil poner un límite de cuánta energía es "suficiente".

Las preguntas que debemos hacernos son, entonces: ¿La red de Bitcoin supone un derroche de energía innecesario? ¿Se puede conseguir el mismo objetivo y resultado sin este consumo energético? ¿Es Bitcoin malo para el medio ambiente?

Para poder responder a estas preguntas, primero es necesario entender cómo y para qué Bitcoin consume dicha energía.

Minería, prueba de trabajo y consenso descentralizado

Es posible que alguna vez hayas oído el término "minado de bitcoins", "nodos mineros" o "granjas de minado" al hablar sobre Bitcoin. Y puede que hayas escuchado que son esos mineros y granjas de minado las responsables de ese "derroche" de energía. ¿Qué es esto de la minería y para qué hace falta?

Por lo general, cuando se habla de minería en la red de Bitcoin, se hace referencia a una de sus principales funciones: la creación y distribución de nuevos bitcoins. Con cada bloque de transacciones que se crea en Bitcoin, se acuñan nuevas monedas que se dan como recompensa al minero que propuso el nuevo bloque. Este mecanismo establece la política monetaria en Bitcoin.

> *Por convención, la primera transacción en un bloque es una transacción especial con la que comienza una moneda nueva, propiedad del creador del bloque. Esto añade un incentivo a los nodos para soportar la red, y proporciona una forma de poner las monedas en circulación, dado que no hay autoridad central que las distribuya. La adición estable de una constante de monedas nuevas es análoga a los mineros de oro que consumen recursos para añadir oro a la circulación. En nuestro caso, es tiempo de CPU y electricidad lo que se gasta.*

(Nakamoto, Bitcoin: A Peer-to-Peer Electronic Cash System, 2008)

Con frecuencia se le denomina minería porque la recompensa (creación de nuevas monedas) está diseñada para simular rendimientos decrecientes, al igual que la minería de metales preciosos. La cantidad de bitcoins que un minero puede crear con cada bloque se divide a la mitad cada 210.000 bloques (o aproximadamente 4 años). Comenzó con 50 bitcoins por bloque en enero de 2009 y se redujo a 25 bitcoins por bloque en noviembre de 2012, a 12,5 bitcoins en julio de 2016 y nuevamente a 6,25 bitcoins en mayo de 2020. Según esta fórmula, las recompensas de minería de bitcoins disminuyen exponencialmente hasta aproximadamente el año 2140, cuando se habrán emitido todos los bitcoins (20,99999999 millones).

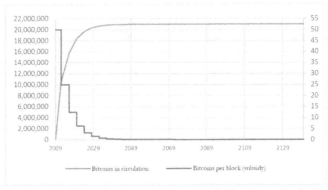

Ilustración 6: Tasa de crecimiento y número de bitcoins en circulación.

Para una descripción detallada de cómo funciona la minería, la prueba de trabajo y el consenso descentralizado en Bitcoin puedes acudir a *Los fundamentos de Bitcoin*.

El white paper de Bitcoin continúa con:

*El incentivo puede ayudar a que los nodos permanez-
can honestos. Si un atacante codicioso fuera capaz de
reunir más potencia CPU que la de todos los nodos
honestos, tendría que escoger entre usarla para defrau-
dar a la gente robándoles los pagos recibidos, o usarla
para generar nuevas monedas. Debe encontrar más
rentable respetar las reglas, esas reglas que le favorecen
entregándole más monedas nuevas que a todos los de-
más en conjunto, que socavar el sistema y la validez de
su propia riqueza.*

Aunque la minería está incentivada por la recompensa, el propósito principal de la minería no es la
generación de nuevas monedas. Ver la minería solo
como el proceso mediante el cual se crean monedas
es confundir los medios (incentivos) con el objetivo
del proceso. Tampoco sería acertado pensar que el
objetivo de la minería es validar transacciones. Esto
lleva a titulares como el siguiente:

**Cada transacción de Bitcoin – incluso comprar un
café con leche – consume por encima de $100 en elec-
tricidad, dice un nuevo informe**
(Tully, 2021)

Bitcoin ha estado validando el mismo número de
transacciones por segundo y generando bloques de
transacciones cada 10 minutos en promedio desde el
principio, independientemente de que el consumo de
energía haya aumentado enormemente desde su lanzamiento. La realidad es que son los nodos completos
y no los mineros los que validan las transacciones y

los que introducen las nuevas monedas al aceptar los bloques de transacciones propuestos por los mineros.

Entonces, ¿cuál es el objetivo de la minería en Bitcoin? La minería es el invento que hace que Bitcoin sea especial, ya que es un mecanismo de seguridad descentralizado que es la base del dinero digital P2P. La red podría funcionar con un único nodo minero, como lo hacía cuando solo Nakamoto ejecutó el código de Bitcoin en el momento de su lanzamiento, pero sería muy vulnerable a los ataques. Para tener éxito en realizar un doble gasto, se debe superar en poder computacional al agregado de todos los nodos que actúan de buena fe a cambio de las recompensas. Sabiendo lo que sabemos hoy en día, sería imposible repetir el lanzamiento de Bitcoin tal y como ocurrió, ya que posiblemente sería atacado inmediatamente.

Podemos centrar entonces la pregunta en si vale la pena el consumo energético para mantener una red como Bitcoin segura y descentralizada. Un sistema monetario digital descentralizado, separado de cualquier entidad soberana, con una política monetaria basada en reglas y una escasez inherente, brinda a las personas de todo el mundo una opción, que algunos de ellos usan para almacenar valor o para transmitir ese valor a otros de forma prácticamente instantánea a cualquier parte del mundo. Hasta la creación de Bitcoin, esto era imposible. Bitcoin fue la culminación de años de estudio y trabajo de algunas de las mentes más privilegiadas en el campo de la criptografía y la computación desde los años 70.

Por lo tanto, decir que la energía necesaria para mantener la mejor forma de dinero existente se gasta de forma injustificada es, cuanto menos, cuestionable.

Es la misma situación que el oro y la minería de oro. El costo marginal de la extracción de oro tiende a permanecer cerca del precio del oro. La extracción de oro es un desperdicio, pero ese desperdicio es mucho menor que la utilidad de tener oro disponible como medio de intercambio.

Creo que el caso será el mismo para Bitcoin. La utilidad de los intercambios posibilitados por Bitcoin superará con creces el costo de la electricidad utilizada. Por lo tanto, no tener bitcoin sería el desperdicio neto.

(Nakamoto, Re: Bitcoin minting is thermodynamically perverse, 2010)

¿Es posible replicar dicho sistema sin gasto energético o con un gasto notablemente inferior?

Esta es una afirmación frecuente entre proyectos que prometen ofrecer una alternativa a Bitcoin sin sacrificar la seguridad o descentralización e incluso prometen una mayor escalabilidad. Lo cierto es que, hasta la creación de Bitcoin, hubo muchos intentos fallidos. Bitcoin lleva funcionando más de trece años sin grandes problemas.

La minería o prueba de trabajo ancla el modelo de seguridad de Bitcoin a un activo tangible del "mundo real", la electricidad. De esta forma, no depende de la seguridad de la red del precio del propio token, como ocurre en otros modelos de consenso descentralizado.

Los modelos de prueba de participación o similares dependen de un precio lo suficientemente alto del propio token que haga inviable para alguien adquirir una cantidad suficiente de tokens. Nadie puede asegurar que un estado no "imprima" dinero o que su precio no baje lo suficiente para que alguien logre hacerse con un porcentaje suficiente para tomar el control de la red. Además, si alguien logra tomar el control, es prácticamente imposible arrebatárselo porque obtendrá nuevos tokens que le permitan mantener el mismo porcentaje. Esto no quiere decir que estos modelos no vayan a funcionar, pero están en una fase muy temprana para poder sacar conclusiones.

En el caso de Bitcoin y la prueba de trabajo, la seguridad depende de que alguien sea capaz de adquirir el hardware suficiente y la energía eléctrica para tomar el control de la red, algo que parece más complicado al ser ajeno a la propia red. Además, si esto llegase a pasar, cualquiera podría unirse a la red para contrarrestar esa mayoría de poder computacional.

Por otro lado, actualmente se discute qué criptomonedas son consideradas materias primas o *commodities*, y cuáles son consideradas valores o *securities*. Algunos reguladores ya han dicho que solo proyectos con prueba de trabajo y realmente descentralizados pueden considerarse *commodities* digitales. La forma de dinero habitual hasta la aparición del dinero de banco central era conocida como *commodity money* o dinero mercancía.

¿Se puede considerar a un token como un valor si por el hecho de bloquearlo en el algoritmo de consenso da un derecho a futuros beneficios? La respuesta no está clara, pero sin duda está más cerca de lo que se considera un valor en los mercados tradicionales que Bitcoin, que no da ningún derecho sobre la red o futuras emisiones de moneda a sus poseedores.

Otra cuestión común es si a la larga podrán convivir distintas redes blockchain usando minería o prueba de trabajo. Pese a que actualmente existen varias redes con minería, lo cierto es que muchas han llegado a ser atacadas por no atraer suficiente poder computacional para su defensa. Hay quienes defienden que la tendencia será que solo quede una red con prueba de trabajo y, en caso de que eso llegue a pasar, hoy en día parece que Bitcoin tiene la mayor probabilidad de ser la "elegida".

De acuerdo con Michael Saylor (Saylor, 2022), Bitcoin representa hoy el 99% de todo el hashrate en el ecosistema y ofrece un nivel de seguridad 100 veces superior al resto de redes blockchain combinadas.

¿Cuál es el límite entre el consumo de energía aceptable y el derroche? Esta es otra de las difíciles preguntas que contestar y que nunca van a convencer a todo el mundo. Es evidente que Bitcoin consume una gran cantidad de energía. Para valorar si está justificado, es importante entender el valor de Bitcoin. Bitcoin utiliza energía para proporcionar una forma de dinero alternativo, sin fronteras, descentralizado y no censurable.

En términos generales, algo se considera útil en la medida en que agrega valor a la sociedad. Su consumo de energía deja de cuestionarse en términos de moralidad y se empieza a ver como una necesidad humana esencial. El siguiente gráfico ilustra comparaciones similares con otras utilidades socialmente aceptadas pese a su consumo energético.

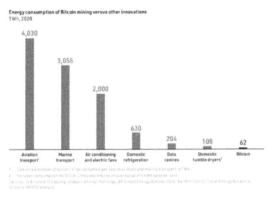

Ilustración 7: Why the debate about crypto's energy consumption is flawed. World Economic Forum. 23 de marzo de 2022.

No ha habido ningún debate moral sobre el impacto energético de la refrigeración doméstica o las secadoras porque cumplen funciones útiles en nuestras vidas. La diferencia es que Bitcoin aún no se ha convertido en una herramienta socialmente aceptada que realice una función esencial, al menos no para quienes viven en países desarrollados. Muchos de aquellos que escriben y opinan sobre la energía consumida por Bitcoin lo hacen desde una posición privilegiada, no son usuarios de esta tecnología y no entienden su propósito inherente.

Se estima que hay más de 300 millones de personas en todo el mundo con Bitcoin, y no todos viven en países desarrollados. De hecho, la adopción de Bitcoin está creciendo a un ritmo mayor en países de África, América del Sur o Asia, de lo que lo hace en América del Norte o Europa.

Bitcoin se ha vuelto tan esencial para muchos de los que viven en países en desarrollo como Netflix y el aire acondicionado se han vuelto para aquellos que viven en países desarrollados.

¿Supone el consumo energético y la minería un problema climático para nuestro planeta?

Se estima que la adopción de Bitcoin en todo el mundo alcance los mil millones para finales de 2023. A medida que ese número continúa creciendo y Bitcoin se acepta socialmente como una herramienta esencial para la civilización humana, el debate sobre el consumo de energía de Bitcoin se reorientará hacia soluciones de sostenibilidad ambiental a las que Bitcoin puede contribuir significativamente.

Contrariamente a los titulares sensacionalistas, Bitcoin se está convirtiendo en una parte esencial del desarrollo de una red de energía neutra en carbono y ha hecho que sea económicamente viable invertir, desarrollar y construir generación de energía con energías renovables.

De acuerdo con los estudios de Microstrategy, la minería emite menos del 0,08% de las emisiones de CO_2 mundiales y es la industria que más rápido avanza en el uso de energías limpias.

Bitcoin funciona con excedente de energía no usada, generada en los extremos de la red, en lugares donde no hay otra demanda, en momentos en que nadie más necesita la electricidad... La minería de Bitcoin es el uso industrial más eficiente y limpio de la electricidad y está mejorando su eficiencia energética a un ritmo más rápido que cualquier otra industria importante... Se utilizan aproximadamente $4-5 mil millones en electricidad para alimentar y asegurar una red que tiene un valor de $420 mil millones hoy en día, y liquida $12 mil millones por día ($4 billones por año)

(Major, 2022)

Conclusión

Que bitcoin es útil y aporta valor a millones de personas alrededor del mundo es evidente. En el análisis se han presentado datos que indican que el consumo de energía permite a Bitcoin mantenerse seguro y descentralizado y que es inferior al de muchas industrias que podrían suponerse más superfluo y prescindible. Aun así, como indicaba al inicio, esta es la crítica y análisis más subjetivos a interpretaciones. Mientras que para algunos el consumo de energía, presente y futuro, está más que justificado (o, mejor dicho, no necesita justificación), para otros, nunca lo estará, independientemente de si la cantidad de energía es poca o mucha.

4

BITCOIN ES LENTO Y NO ESCALA

Bitcoin es capaz de procesar entre 3 y 4 transacciones en promedio por segundo en la actualidad, lo que equivale a alrededor de 300.000 transacciones diarias.

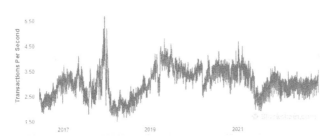

Ilustración 8: Gráfico de transacciones por segundo añadidas a la mempool. Fuente: blockchain.com.

En comparación, las redes de pago como Visa pueden procesar alrededor de 40.000 transacciones por segundo, es decir, alrededor de 10.000 veces más que Bitcoin. Además, las transacciones en Bitcoin pueden tardar 10 minutos o más en confirmarse, lo que ha llevado a que se le denomine "lento". Basándonos solo en estos números, parece justificado el calificativo. De hecho, la primera respuesta que obtuvo Satoshi Nakamoto tras la publicación del *white paper* de Bitcoin fue de James Donald (Donald, 2008), quien dijo literalmente: "No parece escalar".

> *Necesitamos en gran medida tal sistema (Bitcoin), pero por la forma en que entiendo su propuesta, no parece escalar al tamaño requerido.*
>
> *(...)*
>
> *Para detectar y rechazar un evento de doble gasto de manera oportuna, se debe tener la mayoría de las transacciones anteriores de monedas en la transacción, que, ingenuamente implementadas, requiere que cada par tenga la mayoría de las transacciones pasadas, o la mayoría de las transacciones anteriores que ocurrieron recientemente. Si cientos de millones de personas están haciendo transacciones, eso es mucho ancho de banda, cada par debe saberlo todo, o al menos parte sustancial.*

En cualquier sistema de transacciones, se debe equilibrar la seguridad, la descentralización y la velocidad. No se pueden maximizar todas ellas al mismo tiempo. Visa, por ejemplo, maximiza la velocidad y ofrece una seguridad moderada a costa de la descentralización. Por otro lado, Bitcoin maximiza la seguridad y la descentralización a costa de la velocidad.

La limitación en cuanto al número de transacciones en Bitcoin viene determinada por:

- El tamaño de los bloques. Tras la inclusión de SegWit en el protocolo Bitcoin, los bloques de transacciones tienen un tamaño de entre 1 y 2 MB, o unas 2.000 transacciones de media por bloque.

- El tiempo de bloque. El tiempo de bloque es la duración media que transcurre entre nuevos bloques minados, y que en el caso Bitcoin es de 10 minutos.

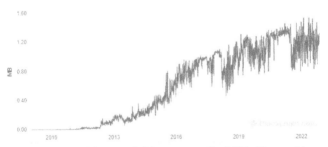

Ilustración 9: Tamaño de bloque promedio (MB). Fuente: blockchain.com.

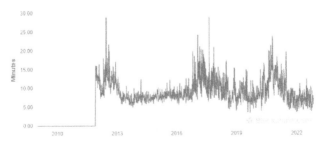

Ilustración 10: Tiempo medio de confirmación. Fuente: blockchain.com.

A pesar de que ha habido debates acalorados dentro de la comunidad de Bitcoin sobre si se debe aumentar el tamaño de los bloques o reducir el tiempo de bloque para incrementar el número de transacciones por segundo, no se ha llegado a un consenso. De hecho, este desacuerdo llevó a un *hard fork* en el que surgió la nueva cadena Bitcoin Cash, que decidió aumentar el tamaño de los bloques indefinidamente.

Escalar únicamente ampliando el tamaño de los bloques o reduciendo el tiempo entre bloques conduce a la centralización de la red, ya que solo unos pocos usuarios o entidades serían capaces de ejecutar el software, dada la alta exigencia de hardware y ancho de banda necesarios.

Quizá ver la red Bitcoin como una red de pagos para las transacciones del día a día no sea la opción más adecuada, teniendo en cuenta el costo y tiempo necesarios para confirmar las transacciones. En lugar de eso, deberíamos ver a Bitcoin como una capa de liquidación con una gran seguridad que permite transmitir un bien escaso entre cuentas, una especie de caja fuerte que se abre cada 10 minutos para actualizar una lista de balances.

Esto hace que la comparación entre Bitcoin y Visa sea inapropiada; Visa es solo una capa en el sistema financiero que se apoya en capas de liquidación inferiores, con bancos comerciales y otros sistemas involucrados debajo de la superficie. Los consumidores pueden usar sistemas de pago como Visa, Mastercard o PayPal para realizar una gran cantidad de transacciones pequeñas, y los bancos subyacentes se liquidan entre sí con transacciones de mayor volumen y con menor frecuencia. Con cada capa que bajamos, se aumenta la seguridad a costa de reducir su velocidad. En verdad, los pagos que sentimos como inmediatos en ocasiones tardan más de una semana en confirmarse y ser finales, ya que tienen que liquidarse en las capas inferiores.

Ilustración 11: Sistema de pagos en múltiples capas.

¿Es cierto entonces que Bitcoin no puede escalar? ¿Hay alternativas? Y si hay alternativas, ¿cuál es la forma de escalar? La respuesta es sencilla: por capas, de la misma forma que en los sistemas financieros tradicionales.

Introduciendo Lightning Network

En enero de 2016, Joseph Poon y Thaddeus Dryja propusieron una posible solución al problema de escalabilidad de Bitcoin con la publicación de *The Bitcoin Lightning Network: Scalable Off-Chain Instant Payments* (Poon & Dryja, 2016).

Lightning Network propone una nueva red, una "segunda capa", donde los usuarios pueden efectuar pagos entre sí en una red *peer-to-peer*, sin la necesidad de publicar cada transacción en la cadena de bloques de Bitcoin. Los usuarios pueden pagarse entre sí en Lightning Network tantas veces como quieran, sin crear transacciones adicionales de Bitcoin, ni incurrir en comisiones en la cadena principal. Solo hacen uso de la cadena de bloques de Bitcoin para "depositar" inicialmente bitcoins en la red Lightning y para representar el estado final, "eliminando" los bitcoins de la red Lightning. El resultado es que se pueden realizar muchos más pagos de Bitcoin fuera de la cadena u *off-chain*, y solo las transacciones de depósito inicial y liquidación final deben ser validadas y almacenadas por los nodos de Bitcoin.

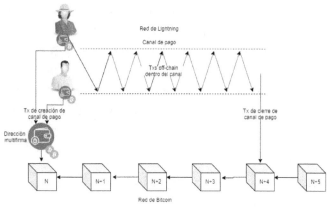

Ilustración 12: Capa de Bitcoin y capa de Lightning Network.

Lightning Network o LN, es una red *peer-to-peer* descentralizada que utiliza lo que se conocen como canales de pago o *payment channels* implementados como contratos inteligentes o *smart contracts* (programas desplegados en una red *blockchain*) en la red Bitcoin.

LN además define el protocolo que establece cómo los participantes crean y ejecutan estos *smart contracts*.

Lightning Network depende de la red de Bitcoin. Mediante el uso de transacciones reales de Bitcoin y su lenguaje nativo de *scripting* con el que crear los *smart contracts*, es posible crear una red segura de participantes que pueden llevar a cabo transacciones de una forma casi inmediata, segura y de forma descentralizada.

Nota: Puedes encontrar más detalles sobre la red de Lightning y su funcionamiento en *Los fundamentos de Bitcoin*.

Conclusión

Si nos limitamos a la red de Bitcoin, es cierto que su velocidad y costo la hacen poco práctica para su uso diario por los miles de millones de usuarios en todo el mundo. Sin embargo, cualquier red blockchain, no solo Bitcoin, siempre será más lenta que una red centralizada si se desea conservar las propiedades que le dan sentido: descentralización, seguridad y resistencia a la censura.

Dicho esto, existen alternativas como Lightning Network, que es una solución de capa dos, que permite a Bitcoin escalar y ofrecer la posibilidad de enviar y recibir bitcoins de forma instantánea y a un costo prácticamente nulo. Las transacciones en Lightning son transacciones de Bitcoin que se mantienen *off-chain* hasta que se quiera liquidar el estado final en la red de Bitcoin.

5

LOS CRIMINALES USAN BITCOIN

"Los criminales usan bitcoin" o "bitcoin se usa para actividades ilegales" es una de las críticas más comunes. Antes de analizar dichas afirmaciones, es importante ser honestos. ¿Ha sido bitcoin utilizado con fines ilegales? Sí, sin duda. bitcoin ha sido utilizado como herramienta para extorsionar, financiar el terrorismo, blanquear dinero, adquirir productos ilegales, entre otros.

Chanalysis, una compañía dedicada al análisis de datos de las redes blockchain, publicó en 2022 un informe sobre el uso de Bitcoin y otras criptomonedas para actividades ilícitas (Chainanalysis, 2022). De acuerdo con dicho informe, el crimen basado en criptomonedas alcanzó un nuevo máximo histórico en 2021, con un aumento del 79% respecto al año anterior. El valor recibido por direcciones involucradas en actividades ilícitas en criptomonedas aumentó de 7,8 mil millones en 2020 a 14 mil millones en 2021.

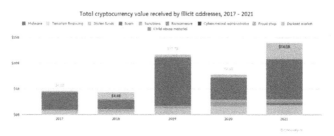

Ilustración 13: Valor recibido por direcciones involucradas en actos ilícitos en criptomonedas, 2017-2021. Fuente: Crypto Crime Trends for 2022. Chainanlysis.

Por supuesto, no se puede negar que es preocupante que se haya empleado bitcoin y otras criptomonedas para actividades ilícitas por un valor de 14 mil millones de dólares. ¿Quiere decir esto que bitcoin se utiliza solo con fines ilegales o en su gran mayoría? No.

El informe continúa y afirma que no solo el uso ilícito aumentó, sino que el volumen total transaccionado en 2021 también lo hizo hasta alcanzar los 15,8 billones de dólares, un aumento del 567% en comparación con 2020. No es sorprendente que, si aumenta su utilización en general, también aumente su uso para actividades ilegales. Lo que sorprende es que el aumento en el volumen total transaccionado es casi un orden de magnitud superior al aumento de su uso en actividades criminales.

Con estos números, se puede estimar que el porcentaje de Bitcoin y otras criptomonedas destinado a actividades ilegales ha disminuido del 0,62% en 2020 al 0,15% en 2021 del total transaccionado.

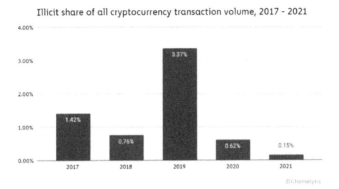

Ilustración 14: Porcentaje del volumen total transaccionado utilizado para fines ilícitos, 2017-2021. Fuente: Crypto Crime Trends for 2022. Chainanlysis.

¿Cómo deja esto a bitcoin frente al dólar o el euro?

Se estima que en 2020 la oferta monetaria mundial en circulación era del orden de 100 billones de dólares (100 trillones de dólares en notación americana).

Ilustración 15: Comparación entre mercados por capitalización.
Fuente: inbitcoinwetrust.com

La Oficina de las Naciones Unidas contra la Droga y el Delito estima que cada año se blanquean hasta 2 billones de dólares en todo el mundo, es decir, al menos un 2% de la oferta monetaria mundial se utiliza para el lavado de dinero (European Union Agency for Criminal Justice Cooperation, 2022).

Lo peor de todo es que esta estimación solo tiene en cuenta el blanqueo de capitales y no considera otras actividades ilícitas como la venta de armas o drogas, por ejemplo. Por lo tanto, podemos suponer que el porcentaje de la oferta monetaria mundial en circulación empleada con fines ilícitos debe ser muy superior a ese 2%, un porcentaje muy superior al estimado en el caso de bitcoin.

Bitcoin no es usado para fines ilícitos en mayor proporción que el dólar y posiblemente que cualquier otra divisa tradicional.

Bitcoin como herramienta para el bien

Bitcoin se usa con fines ilícitos. La realidad es que el dinero se utiliza tanto para fines legales como ilegales. Es una pena, pero es así. Bitcoin es una herramienta que puede utilizarse para el bien o para el mal, como cualquier otra herramienta. Sin embargo, poner el foco en lo malo, distrae la atención de la cuestión fundamental y su consecuencia. Si bitcoin puede funcionar para un criminal, puede funcionar para cualquiera, y para que bitcoin sea viable como moneda, tiene que funcionar para todos, incluidos los delincuentes.

Como se decía previamente, apenas un 0,15% del volumen total transaccionado en bitcoin tiene objetivos ilícitos, ¿Qué ocurre con el otro 99,85%? ¿Para qué se usa? ¿Justifica este uso "positivo" el otro 0,15% "negativo"?

Lo que hace bitcoin atractivo para criminales es precisamente lo que lo hace interesante y útil para los miles de millones de potenciales usuarios alrededor del mundo: resistencia a censura, seudoanonimidad, portabilidad, escasez, neutralidad, independencia de cualquier entidad centralizada, instantaneidad, etc. Estas propiedades permiten que cada uno encuentre en bitcoin lo que necesita dadas sus propias circunstancias, ya sea como una herramienta de ahorro, de pago, de inversión, etc. Y lo cierto es que ya hay millones de personas en el mundo que usan bitcoin de forma lícita.

En junio de 2022, 21 defensores de los derechos humanos de todo el mundo escribieron una carta (Aderinokun et al., 2022) al congreso de los EE. UU. en defensa de una regulación responsable de bitcoin y las criptomonedas. La carta respondía a una primera carta "anti-bitcoin" de un grupo de críticos que afirmaban que la utilidad de bitcoin y las criptomonedas "no estaba probada" y que era una solución "en busca de un problema". Los 21 firmantes declaraban que la mayoría de los autores de la carta "anti-bitcoin" provienen de países financieramente privilegiados y que viven una realidad muy diferente al resto de la población mundial.

Como señalaba Alex Gladstein, Director de Estrategia de la Fundación de Derechos Humanos y uno de los firmantes de la carta, en su artículo *Check your Financial Privilege* "solo el 13% de la población mundial nace en países con monedas estables y confiables". Por lo tanto, evaluar si bitcoin es útil o no sólo en función de la opinión de un pequeño grupo de personas pertenecientes a ese 13% sería engañoso. Bitcoin tiene el potencial de mejorar la vida de las personas en todo el mundo, incluidas aquellas que no tienen acceso a sistemas financieros estables o a una moneda confiable." (Gladstein, 2022).

Como decían los activistas en su carta, tanto ellos como decenas de millones de usuarios en países bajo regímenes autoritarios y en economías poco estables, usan Bitcoin hoy día con distintos objetivos que tienen como factor común la defensa de la libertad y los derechos humanos:

> *Bitcoin brinda inclusión financiera y empoderamiento porque es abierto y no requiere permiso. Cualquiera en la Tierra puede usarlo. Bitcoin y las monedas estables ofrecen un acceso sin precedentes a la economía global para las personas en países como Nigeria, Turquía o Argentina, donde las divisas locales se están derrumbando, directamente rotas o aisladas del mundo exterior. […]*

> *Podemos atestiguar personalmente, al igual que los informes adjuntos de los principales medios de comunica-*

ción mundiales, que cuando las catástrofes monetarias azotaron a Cuba, Afganistán y Venezuela, Bitcoin dio refugio a nuestros compatriotas. Cuando se reprimieron las libertades civiles en Nigeria, Bielorrusia y Hong Kong, Bitcoin ayudó a mantener a flote la lucha contra el autoritarismo. Después de que Rusia invadiera Ucrania, estas tecnologías (que, según los críticos, no están construidas para un propósito) desempeñaron un papel en el mantenimiento de la resistencia democrática, especialmente en los primeros días, cuando los sistemas financieros heredados fallaron.

Cerraban la carta solicitando una regulación responsable que no limite el uso que hacen ya hoy en día de bitcoin.

Conclusión

El dinero fiat ha fallado a mucha gente alrededor del mundo. Ya sea debido a la desmonetización, la inaccesibilidad, la exclusividad o su uso como arma política, las divisas tradicionales no sirven a todos por igual y dan privilegios a unos pocos afortunados.

A estas alturas, Bitcoin ya no necesita demostrar su utilidad. Desde su nacimiento ha ayudado a millones de personas a luchar contra el autoritarismo, la esclavitud o la discriminación. Bitcoin es dinero que potencia la libertad. Un dinero que no requiere de permisos, no tiene fronteras, y es imparable.

Bitcoin tiene el potencial de marcar una diferencia real para toda la gente en el mundo, pero especialmente para los 4 mil millones de personas que no pueden confiar en sus gobernantes o que no pueden acceder al sistema bancario. Para ellos, Bitcoin puede ser una salida.

Me gustaría acabar este capítulo con unas palabras de Andreas Antonopoulos incluidas en su libro Internet del Dinero (Antonopulos, 2017):

> *Esto es por lo que bitcoin es importante para mí.*
>
> *Aproximadamente 1.000 millones de personas tienen acceso a servicios financieros, crédito y capacidad financiera a nivel internacional, principalmente personas de clase alta en países occidentales. 6.500 millones de personas en el planeta no tienen acceso al mundo del dinero. Operan en sociedades basadas en dinero en metálico con muy bajo acceso a recursos internacionales. 2.000 millones de personas ya tienen acceso a Internet. Con una simple aplicación descargada de Internet, pueden convertirse de manera inmediata en participantes de la economía internacional, usando una divisa internacional que puede ser enviada a cualquier parte sin comisiones y sin control gubernamental. Pueden conectarse a un mundo de finanzas internacionales que funciona de persona a persona (peer-to-peer). Bitcoin es el dinero de la gente. En su núcleo hay simples reglas matemáticas que acepta todo el mundo y nadie controla. La posibilidad de conectar a estos 6.500 millones de personas con el resto del mundo es realmente revolucionario.*

6

BITCOIN SERÁ REEMPLAZADO

Desde la invención de Bitcoin, han aparecido otros activos digitales que aseguran "arreglar" las deficiencias de Bitcoin. Ya sea porque son más rápidos, más descentralizados, más seguros, permiten una mayor tasa de transacciones, son más estables, más limpios, entre otras características. Aunque alguna de estas afirmaciones pueda ser cierta o no en casos concretos, lo que no es tan fácil de entender es que el valor de Bitcoin no se debe a una o varias de estas propiedades aisladas.

Si bien el software de Bitcoin es de código abierto y se puede bifurcar y "mejorar", su **efecto de red** y su amplio grupo de interesados (usuarios, mineros, validadores, desarrolladores, proveedores de servicios) hacen que esta red tenga un valor que otras redes no tienen y que no se consigue tan fácilmente. Los efectos de red tienen enormes implicaciones en la utilidad de Bitcoin como medio de intercambio y reserva de valor. Como cualquier forma de dinero, el valor de

Bitcoin depende de que alguien esté dispuesto a aceptarlo como pago, usarlo como forma de ahorro o como forma de inversión.

Carl Menger, padre de la escuela austríaca de economía y fundador del análisis marginal en economía, denomina "vendibilidad" a la facilidad de venta de un producto en el mercado siempre que lo desee su titular, con el menor perjuicio en su precio. La relativa vendibilidad de un producto se puede evaluar en función de lo bien que aborda las tres facetas del problema de la falta de coincidencia de deseos: su vendibilidad en escalas, en el espacio y en el tiempo.

La ley de Metcalfe, formulada por primera vez en 1976 por Robert Metcalfe en relación con Ethernet, nos explica los efectos de red de las tecnologías y redes de comunicación, como Internet o la World Wide Web. La ley nos dice que el valor de una red de telecomunicaciones aumenta proporcionalmente al cuadrado del número de usuarios del sistema (n^2) y suele ilustrarse con el ejemplo de una red de telefonía: un único teléfono es inútil, pero su valor se incrementa con el número total de teléfonos en la red, debido a que aumenta el número de personas con las que se puede comunicar.

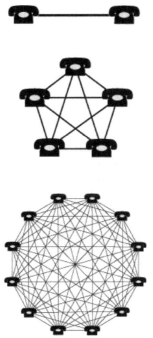

Ilustración 16: Ley de Meldcalfe aplicada a una red de telefonía.

El efecto de red en redes monetarias no es diferente, todo lo contrario, tiene una mayor importancia. Si las personas buscan un activo digital como bien monetario, uno con la capacidad de actuar como reserva de valor, entonces, por lo general, elegirán el que tenga la red más grande, más segura, más descentralizada y más líquida.

Bitcoin no es MySpace

En ocasiones también se usa la comparativa de Bitcoin con MySpace. MySpace fue una de las primeras redes sociales y la más utilizada a nivel mundial entre 2005 y 2008, año en el que fue sobrepasado por Facebook y en el que empezó su declive. ¿Podría aparecer otra criptomoneda que reemplace a Bitcoin?

El primer error aquí es considerar que Bitcoin es la primera forma de dinero digital. Bitcoin es la culminación de más de 40 años de investigación, desarrollos, errores y mejoras sobre intentos anteriores. Antes que Bitcoin hubo muchos otros intentos fallidos. Bitcoin fue el primero que realmente consiguió crear una forma de dinero completamente descentralizada. No, Bitcoin no es MySpace, Bitcoin es Facebook.

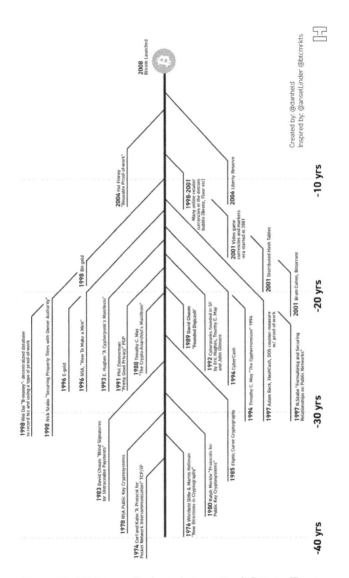

Ilustración 17: Desarrollos hasta la invención de Bitcoin. Fuente:
https://www.danheld.com/blog/2019/1/6/planting-bitcoinsoil-34

En un análisis reciente de Fidelity (Fidelity Digital Assets, 2022), una de las gestoras de activos y fondos de pensiones más grande a nivel mundial, se decía lo siguiente:

> *Bitcoin es fundamentalmente diferente de cualquier otro activo digital. Es probable que ningún otro activo digital mejore a Bitcoin como un bien monetario porque Bitcoin es el dinero digital más seguro, descentralizado y sólido (en relación con otros activos digitales), y cualquier "mejora" necesariamente supondrá sacrificios.*

Con "sacrificios" hacía relación a la penalización sobre ciertas propiedades de una red a la hora de querer mejorar otras propiedades. Esto es a lo que se conoce como el trilema de blockchain y que nos explica que las propiedades de una red de este tipo, como la descentralización, la seguridad y la escalabilidad, están interrelacionadas y cualquier mejora en una de ellas implica un sacrificio en las otras dos. Los usuarios de Bitcoin valoran la descentralización y la seguridad sobre la escalabilidad, lo que permite que funcione bien como reserva de valor. Para mejorar su escalabilidad, se están buscando soluciones en capas superiores, como Lightning Network.

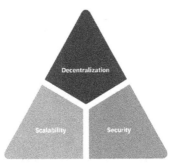

Ilustración 18: Triángulo representando el trilema blockchain y las 3 restricciones: escalabilidad, seguridad y descentralización.

Bitcoin es como es tras decisiones meditadas y años de esfuerzo y dedicación. No es el resultado de decisiones al azar o por capricho.

Conclusión

El efecto de red tiene enormes implicaciones en la utilidad de una moneda. La adopción de una red es más difícil al principio y se vuelve progresivamente más fácil con cada nueva persona que empieza a utilizarlas.

Este poderoso fenómeno favorece a cualquier producto que tenga la mayor base de usuarios, independientemente de la utilidad subyacente del producto. Esto significa que las monedas que están bien establecidas con grandes bases de usuarios tienen fuertes efectos de bloqueo, lo que incentiva a las personas a seguir usándolas.

La adopción de Bitcoin ha aumentado constantemente desde su creación en 2009. Cada nuevo usuario hace que sea más atractivo para la siguiente persona que desee unirse a la red. Bitcoin ha superado las fases iniciales y más complicadas para una red de este tipo. Es en esta fase en que era especialmente vulnerable y más fácil de ser atacado.

Bitcoin ya existe como una opción y sus propiedades monetarias se vuelven más fuertes con el tiempo. Esta es fundamentalmente la razón por la que las propiedades emergentes en bitcoin son casi imposibles de replicar y superar.

Como se dice en ocasiones, para que una red nueva reemplace a una ya asentada y con uso mayoritario, no vale con que sea un poco mejor, sino que debe ser 10 veces mejor. Cosa que, al menos hasta ahora, no se ha producido y que parece difícil dada las restricciones del trilema de blockchain del que hablábamos antes. ¿Puede ocurrir en algún momento? Aunque no se puede descartar la posibilidad de que otra criptomoneda pueda superar a Bitcoin en el futuro, parece poco probable en la actualidad.

7

EL MODELO DE SEGURIDAD DE BITCOIN ES INSOSTENIBLE

Cada aproximadamente 10 minutos, se crea un nuevo bloque en la red de Bitcoin. Este bloque incluye una lista de transacciones que se procesan en dicho bloque, junto con la comisión pagada por cada una de estas transacciones, y una transacción especial llamada *coinbase* que añade nuevos bitcoins a la red. A estos nuevos bitcoins se les llama "subsidio". La suma de la comisión de las transacciones más los nuevos bitcoins emitidos representa la recompensa para el nodo minero que haya creado el bloque.

Según la política monetaria programada en el código de Bitcoin, la cantidad de bitcoins que se generan en cada bloque disminuye con el tiempo. Se empezó con 50 bitcoins por bloque y este número se reduce a la mitad cada 210.000 bloques, lo que equivale a aproximadamente cuatro años. Con simples cálculos matemáticos, se llega a la conclusión de que el número total de bitcoins será de 21 millones y la última fracción de bitcoin se creará alrededor del año 2140.

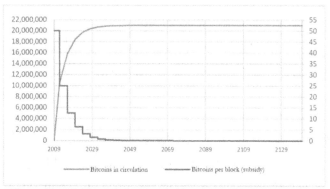

Ilustración 19: Tasa de creación de bitcoins por bloque y número de bitcoins en circulación.

¿Por qué es esto tan importante y qué tiene que ver con la seguridad de Bitcoin? La minería de Bitcoin es una competición entre los distintos nodos mineros para encontrar la solución a la prueba de trabajo. Estos nodos aportan poder computacional, lo que se convierte en un mecanismo de defensa contra los actores malintencionados, y a cambio, la red los recompensa con un sistema de incentivos. Esto se conoce como la teoría de juegos y es cómo se aplica en la red de Bitcoin.

En 2023, se recompensará a los mineros con aproximadamente 300.000 bitcoins. A un precio promedio de bitcoin de 25.000 €, la cantidad total de recompensas para los mineros sería de aproximadamente 8,25 mil millones de euros, a lo que se agregarían las comisiones por transacciones. Esta es una estimación y no se conocerá la cifra exacta hasta que finalice el año.

El siguiente gráfico muestra las recompensas pagadas a los mineros, también conocido como "presupuesto de seguridad", en relación con la capitalización del mercado de Bitcoin:

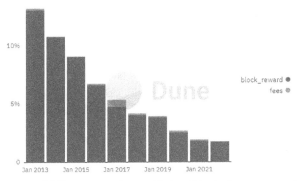

Ilustración 20 Presupuesto de seguridad en Bitcoin frente a su capitalización de mercado. Fuente: https://dune.com/niftytable/bitcoin-security-budget

A medida que la capitalización de mercado de Bitcoin ha ido aumentando, también lo ha hecho la cantidad absoluta gastada en seguridad, aunque el porcentaje de la capitalización de mercado destinado a este fin ha disminuido. Esta tendencia es esperada y previsible. Al principio, era necesario gastar un gran porcentaje de la capitalización de mercado en seguridad debido a la pequeña escala del protocolo y su alta vulnerabilidad e inflación. Sin embargo, a medida que el tamaño del mercado se ha vuelto más grande y la tasa de emisión de Bitcoin ha disminuido, un 0,5% - 1,5% de la capitalización de mercado gastado en seguridad probablemente sea suficiente.

Tras el próximo halving programado para 2024, cuando la tasa de emisión de Bitcoin se reducirá de 6,25 a 3,125 nuevos bitcoins por bloque creado, la tasa de inflación anual de Bitcoin será inferior al 1% y seguirá disminuyendo cada 4 años hacia cero. Para mantener un presupuesto de seguridad constante entre el 0,5% y el 1,5% de la capitalización de mercado, la mayoría de las recompensas para los mineros tendrán que provenir de las comisiones de transacción.

> *En unas pocas décadas, cuando la recompensa sea demasiado pequeña, la comisión de transacción se convertirá en la principal compensación para los mineros."*

(Nakamoto, Re: What's with this odd generation?, 2010)

No sin razón, hay a quien le preocupa que las comisiones de transacciones por sí solas, o con subsidios muy pequeños, no proporcionen una compensación adecuada para los mineros y acabe haciendo que la seguridad de la red se vea afectada y que Bitcoin sea vulnerable a ataques.

Debido a esta preocupación, algunos sostienen que el modelo actual de Bitcoin no es sostenible y que puede ser necesario cambiar la política monetaria y el suministro limitado de 21 millones para mantener la seguridad de la red. Sin embargo, otros argumentan que es posible que la adopción masiva de Bitcoin en el futuro aumente la demanda de transacciones y, por lo tanto, de comisiones, lo que proporcionaría a los mineros una compensación adecuada sin afectar la seguridad de la red.

Cambiar la política monetaria y el suministro total de Bitcoin supondría dos cosas:

1. Poner en cuestión la firmeza de Bitcoin como forma de dinero. Al fin y al cabo, una de las funcionalidades principales del dinero es actuar como reserva de valor. Para cumplir esta función, es importante presentar escasez a través de una política firme y predecible.

2. Diluir la participación de los poseedores de Bitcoins. Tomar esta decisión iría en contra de los intereses de los poseedores actuales.

La popular frase "un bitcoin es un bitcoin" destaca que se puede saber en todo momento qué porcentaje del total de Bitcoins tiene un usuario debido a la limitación de 21 millones de Bitcoins, lo que contrasta con la incertidumbre que existe en este aspecto con cualquier otra forma de dinero.

Pero el código es modificable, ¿puede alguien decidir cambiarlo sin más? Por supuesto, cualquiera puede coger el código, cambiarlo y ejecutarlo. Ha ocurrido muchas veces a lo largo de la vida de Bitcoin y seguirá ocurriendo. Tenemos el ejemplo de Bitcoin Cash, Bitcoin Gold o Bitcoin Satoshi Vision, entre otros. Para que un cambio sea "aceptado" y se integre en la propia red de Bitcoin, se necesita un consenso de los participantes, aquellos que ejecutan el programa en sus ordenadores y que eligen qué programa ejecutar por decisión propia. Son ellos quienes deciden qué es Bitcoin y qué no lo es.

Pero entonces, si el modelo de subsidio no cambia y el modelo de seguridad se tiene que sustentar en las comisiones de transacciones, el total pagado en comisiones tiene que ser increíblemente alto para compensar la reducción o desaparición del subsidio, ¿no? Así es, y esto se puede conseguir de dos formas que tienen un efecto muy distinto en la red:

Manteniendo constante el número de transacciones por bloque, también llamado tamaño de bloque. En este caso, la comisión por transacción debe aumentar de forma proporcional al presupuesto de seguridad. Esto significaría un aumento considerable de las comisiones en comparación con las actuales.

Aumentando el número de transacciones por bloque de acuerdo con las necesidades. Si se necesita aumentar el presupuesto para mantener la red segura, lo que se aumenta es el tamaño de bloque y se mantienen constantes las comisiones por transacción.

A primera vista, la segunda propuesta parece ideal y la opción clara. Sin embargo, ya vimos en el análisis a la crítica "Bitcoin es lento y no escala" que aumentar indefinidamente el tamaño de bloque tiene consecuencias negativas sobre la descentralización de la red, una de las cualidades más importantes de este tipo de sistemas y que no debe sacrificarse. Parece entonces que la única alternativa es que las comisiones por transacción aumenten progresivamente con el presupuesto de seguridad. ¿Supondría eso que Bitcoin dejaría de ser viable para personas con pocos recursos? ¿Cómo puede adaptarse dicha propuesta sin que represente una barrera para que el usuario común pueda seguir usando Bitcoin para transacciones relativamente pequeñas?

La respuesta ya la vimos anteriormente: la implementación de soluciones de capa 2 y superiores, como Lightning Network. La misma solución, que sirve para escalar el número de transacciones que procesa la red, sirve para mantener un modelo de seguridad escalable.

Densidad transaccional

Con soluciones de capa 2, cada transacción en la red de Bitcoin puede representar decenas, miles o millones de transacciones en la capa superior que se agregan y liquidan posteriormente en la capa 1. Nic Carter, en *Ten Years of Bitcoin: Evaluating Its Performance as a Monetary System* (Carter, 2019), denomina a esto "densidad transaccional". De esta forma, la comisión de transacción en Bitcoin queda diluida entre todas las transacciones que se agregan en la capa superior.

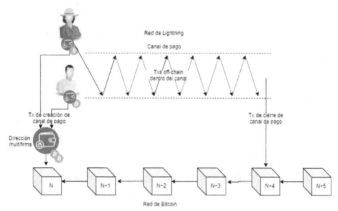

Ilustración 21: Aumento de densidad transaccional mediante Lightning Network.

Por ejemplo, si la comisión media por transacción necesitara ser de 0,01 bitcoins para mantener la red segura, o aproximadamente 250 € al cambio de hoy, dicha cantidad haría inviable el uso de Bitcoin para transacciones de bajo coste. Sin embargo, si esa transacción en la capa 1 en verdad representa 1.000 transacciones en la capa 2, el coste real por transacción sería de 0,00001, o aproximadamente 0,25 €.

Por supuesto, alguien podría decidir seguir empleando la capa 1 para enviar sus transacciones individuales de gran volumen, pagando esa comisión de 0,01 bitcoins. El modelo de aumentar la densidad transaccional es el que parece más sostenible a largo plazo, permitiendo mantener la red segura a medida que su adopción aumenta y el subsidio se reduce, sin suponer un riesgo para la descentralización de la red y un incremento de comisiones insostenibles para que cualquiera pueda utilizar Bitcoin.

Conclusión

Mientras que tanto el subsidio como las comisiones de transacciones representan parte del "presupuesto o gasto en seguridad" de Bitcoin, su objetivo es muy diferente. El subsidio representa una forma justa de crear y distribuir nuevos bitcoins, y una forma de potenciar la adopción de bitcoin a través de ciclos económicos o burbujas que se repiten periódicamente, dando lugar a nuevas oleadas de compradores especulativos que llegan para quedarse.

El subsidio es especialmente importante durante los primeros años de vida de Bitcoin, años en los que es más vulnerable. Según pasen los años y el subsidio tienda a cero, la mayor parte del presupuesto de seguridad deberá venir de las comisiones de las transacciones. De las distintas propuestas sobre cómo mantener un modelo sostenible de seguridad, parece que el más razonable es aquel en el que las comisiones en la red de Bitcoin crezcan proporcionalmente para mantener un presupuesto de seguridad de entre el 0,5 % y el 1,5 % de la capitalización de mercado.

Para que esto no acabe afectando a la viabilidad de uso de la red para transacciones de pequeño volumen, se espera que soluciones en capas superiores como Lightning Network o sidechains tengan un papel primordial, agrupando un alto número de transacciones que se liquidan conjuntamente en la red de Bitcoin, es decir, aumentando así la densidad transaccional y reduciendo la comisión por transacción individual.

Dicho esto, esta es solo teoría, y es difícil afirmar si el mismo modelo funcionará durante los próximos 10, 50 o 100 años. Habrá que ir viendo con el tiempo si es necesario adoptar otro tipo de mecanismos que no comprometan la seguridad de la red de Bitcoin.

8

BITCOIN SERÁ APAGADO O PROHIBIDO

Otro de los argumentos más recurrentes sobre Bitcoin es que los gobiernos intentarán suprimirlo o prohibirlo. Entre las razones y propiedades de Bitcoin por las pueden querer que esto suceda se encuentran las siguientes:

- Anonimato: aunque Bitcoin no proporciona un anonimato absoluto, puede ofrecer una gran privacidad si se utiliza adecuadamente, lo que permite a los usuarios evitar la supervisión del sistema financiero convencional. Esto dificulta que los gobiernos rastreen y vigilen la actividad de sus ciudadanos. Es necesario recordar que privacidad no es lo mismo que secretismo o sinónimo de hacer algo malo. Bitcoin existe en gran parte, gracias al anonimato de Satoshi Nakamoto.

- Resistencia a la censura: las transacciones de Bitcoin son prácticamente irreversibles e imposibles de bloquear, lo que significa que cualquier persona puede enviar bitcoin a cualquier otra persona. En comparación con el sistema financiero tradicional, donde las cuentas se pueden congelar o vaciar unilateralmente, Bitcoin representa un desafío para los gobiernos.

- Amenaza a las divisas tradicionales: los gobiernos mantienen un control significativo sobre la población y la economía al obligar a sus ciudadanos a usar una moneda que solo ellos pueden controlar. Su capacidad para gastar y pagar deudas también depende de su capacidad para imprimir dinero nuevo. Cuando existe una moneda superior como Bitcoin, dificulta esa capacidad.

Sin embargo, es importante distinguir entre detener la red de Bitcoin y prohibir o desincentivar su uso. La primera se refiere a que la red deje de prestar servicios por completo y no esté disponible para su uso en todo el mundo, mientras que la segunda se centra en limitar su uso mediante leyes que lo conviertan en una actividad ilegal o que al menos lo desincentiven. Analicemos cada uno de estos escenarios por separado.

Bitcoin será detenido

Bitcoin es una red peer-to-peer diseñada para funcionar sobre Internet. En una red P2P, los nodos que conforman la red son iguales y no hay una jerarquía centralizada. La red de Bitcoin está diseñada con una topología de malla plana, lo que significa que no hay un servidor central ni un servicio centralizado. En lugar de ello, los nodos ofrecen y consumen servicios al mismo tiempo, lo que actúa como incentivo para su participación.

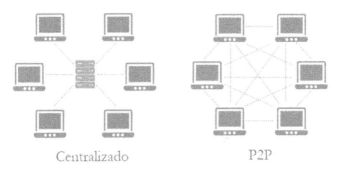

Centralizado   P2P

Ilustración 22: Arquitectura de red centralizada Vs. P2P.

La arquitectura de red P2P de Bitcoin se diseñó para ser resistente y difícil de apagar. Debido a su naturaleza descentralizada, la red de Bitcoin seguirá funcionando mientras haya suficientes ordenadores ejecutando el software de Bitcoin y conectados a la red. De hecho, con que solo quede un nodo activo, la red seguirá funcionando y será posible recuperarla con nuevos nodos uniéndose a la red.

Además, la red de Bitcoin utiliza un protocolo criptográfico llamado prueba de trabajo, que garantiza la seguridad y la inviolabilidad de las transacciones que se agregan a la blockchain. Este protocolo es intensivo en cómputo y requiere una gran cantidad de electricidad, lo que hace que sea difícil que una sola entidad pueda llegar a controlar la red.

En general, el diseño descentralizado y resistente de la red de Bitcoin hace que sea poco probable que se pueda apagar completamente desde el punto de vista técnico. Incluso en un escenario de apagado completo de Internet, Bitcoin podría seguir funcionando a través de formas alternativas de comunicación de la información, como satélites u ondas de radio.

Pero si Bitcoin no puede ser detenido, ¿puede al menos ser prohibido? ¿Qué efectos tendría dicha prohibición?

Bitcoin será prohibido

Bitcoin ha sido objeto de críticas por parte de figuras gubernamentales, lo que ha llevado a intentos de prohibir o desincentivar su uso. Existen diversas estrategias que un gobierno podría utilizar para restringir el uso de Bitcoin, entre ellas:

- Prohibición directa: un gobierno podría declarar ilegal la posesión, uso o comercio de Bitcoin. Sin embargo, esto sería difícil de implementar en la práctica, ya que Bitcoin es una red descentralizada y global que es difícil de controlar.

- Restricciones a las transacciones: en lugar de prohibir directamente el uso de Bitcoin, un gobierno podría limitar o restringir las transacciones de Bitcoin. Por ejemplo, podría imponer límites a la cantidad de Bitcoin que se puede comprar o vender o prohibir ciertos tipos de transacciones. Sin embargo, esto también sería difícil de implementar debido a que Bitcoin permite transacciones globales sin restricciones.

- Impuestos y regulaciones: un gobierno podría imponer impuestos o regulaciones más estrictas sobre las transacciones de Bitcoin, lo que podría desincentivar su uso. Por ejemplo, podría requerir que las empresas que aceptan Bitcoin paguen impuestos adicionales o que las transacciones de Bitcoin sean reportadas a las autoridades fiscales.

- Campañas de información: un gobierno podría lanzar campañas de información para educar a la población sobre los riesgos y desventajas del uso de Bitcoin. Esto podría hacer que menos personas estén dispuestas a usar Bitcoin debido a las preocupaciones de seguridad o a la falta de protección del consumidor.

Sin embargo, las restricciones y prohibiciones de un gobierno pueden tener consecuencias económicas y sociales significativas. Ejemplos como la prohibición de poseer oro en Estados Unidos (1933-1974) y la ley seca (1920-1932) muestran cómo las medidas restrictivas sobre la posesión o uso de ciertos bienes pueden tener efectos no deseados. Si se intentara prohibir Bitcoin, podría haber una serie de consecuencias, incluyendo:

- Impacto económico: la prohibición de poseer oro y la ley seca tuvieron consecuencias económicas importantes, como la pérdida de empleos y el debilitamiento de la economía. Si se prohibiera Bitcoin, podrían surgir consecuencias negativas similares, como la pérdida de empleos en la industria de las criptomonedas y una disminución en la inversión en tecnologías relacionadas con Bitcoin.

- Actividad criminal: la ley seca aumentó significativamente la actividad criminal relacionada con el alcohol, mientras que la prohibición de poseer oro creó un mercado negro y proliferación de actividades ilegales. Una prohibición de Bitcoin también podría generar actividad criminal relacionada con Bitcoin y un mercado negro.

- Efectividad: la prohibición de poseer oro y la ley seca redujeron significativamente la posesión y el consumo de los bienes afectados. Sin embargo, ambas medidas también llevaron a la creación de actividades ilegales y mercado negro. Es difícil predecir si una prohibición de Bitcoin sería efectiva, ya que la naturaleza descentralizada de Bitcoin dificulta su control.

- Repercusiones sociales: la ley seca y la prohibición de poseer oro se percibieron como violaciones a las libertades personales. Una prohibición de Bitcoin podría aumentar la desconfianza en el gobierno y las instituciones financieras, y generar un aumento en la actividad criminal.

Como parte de la prohibición de poseer oro en 1933, se firmó la Orden Ejecutiva 6102. Esta norma obligaba a los ciudadanos de Estados Unidos a entregar a la Reserva Federal todo el oro del que disponían, ya fuera en monedas, en bruto o en certificados, a cambio de recibir 20,67 dólares por cada onza troy (31,1 gramos) entregada. Los infractores de esta norma sufrirían multas de hasta 10.000 dólares, diez años de prisión, o ambas penas al mismo tiempo.

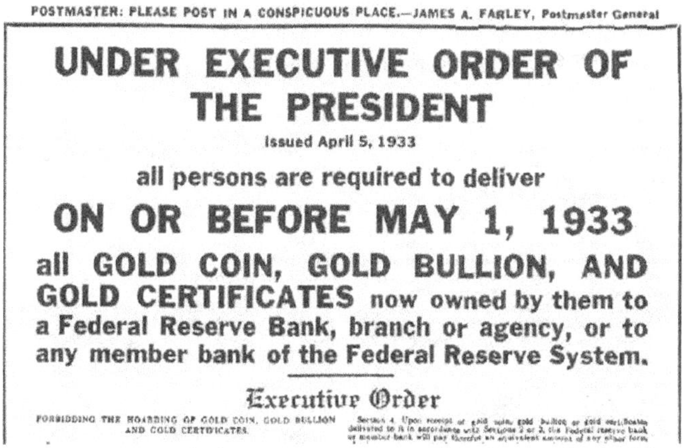
POSTMASTER: PLEASE POST IN A CONSPICUOUS PLACE.—JAMES A. FARLEY, Postmaster General

UNDER EXECUTIVE ORDER OF THE PRESIDENT

Issued April 5, 1933

all persons are required to deliver

ON OR BEFORE MAY 1, 1933

all GOLD COIN, GOLD BULLION, AND GOLD CERTIFICATES now owned by them to a Federal Reserve Bank, branch or agency, or to any member bank of the Federal Reserve System.

Executive Order

FORBIDDING THE HOARDING OF GOLD COIN, GOLD BULLION AND GOLD CERTIFICATES.

Ilustración 23: Orden Ejecutiva 6102 publicada el 5 de abril de 1933.

Algunos partidarios de Bitcoin han advertido que Bitcoin podría recibir el mismo trato si se convierte en "un problema" demasiado grande. Por supuesto, la naturaleza de bitcoin hace que sea mucho más difícil para el gobierno hacer cumplir tal acto. Bitcoin es un activo completamente digital, no existe en forma física, y su posesión equivale a la posesión de la clave privada o frase semilla que permite transferirlos. Confiscar bitcoins consistiría en forzar a sus poseedores a transferirlos o entregar sus claves privadas. La naturaleza inmaterial de bitcoin permitiría a sus poseedores cambiar de país hacia uno más favorable, portando sus bitcoins fácilmente. Para ello, solo necesitan memorizar una clave privada o un conjunto de 12 o 24 palabras. Esta es una de las propiedades que hace de bitcoin una mejor reserva de valor.

Lo cierto, es que los grandes cambios siempre han producido miedos, escepticismo y posiciones contrarias. La máquina de vapor, la electricidad, el coche o Internet, son claros ejemplos de ello. En su momento sufrieron el mismo tipo de críticas y posiciones contrarias que Bitcoin.

Ilustración 24: Carteles de propaganda contraria a la electricidad o los vehículos de combustión.

Conclusión

En teoría, algunos gobiernos podrían intentar prohibir o eliminar Bitcoin. Sin embargo, en la práctica, esto sería extremadamente difícil debido a la naturaleza descentralizada de la criptomoneda. Al ser una red global y descentralizada, no hay una entidad o autoridad única que controle Bitcoin.

Además, la naturaleza descentralizada de Bitcoin también dificulta que cualquier gobierno controle o regule completamente su uso. Aunque un gobierno podría intentar restringir o limitar las transacciones de Bitcoin, sería difícil imponer estas restricciones en todo el mundo. La prohibición de Bitcoin también podría tener consecuencias negativas en términos económicos y sociales, como la pérdida de empleos y el aumento de la actividad criminal. Además, podría generar desconfianza en el gobierno y las instituciones financieras, y ser ineficaz para reducir el uso y la posesión de Bitcoin debido a la naturaleza descentralizada de la criptomoneda.

Y mientras que algunos gobiernos podrían decidir restringir o prohibir el uso de Bitcoin, otros probablemente optarán por tomar una posición contraria, abrazando y facilitando su adopción, aprovechando los efectos positivos que Bitcoin puede traer para su país y sus ciudadanos. Esta postura favorable hacia Bitcoin, a pesar de los riesgos que implica, también presenta una gran oportunidad y colocaría a estos gobiernos y países en una posición competitiva ventajosa irrepetible.

REFERENCIAS

Aderinokun et al. (2022, 06 14). *Letter in Support of Responsible Crypto Policy.* Retrieved from https://www.financialinclusion.tech/

Antonopulos, A. M. (2017). *Internet del Dinero.* Merkle Bloom LLC.

Boyapati, V. (2018, marzo 2). *The Bullish Case for Bitcoin.* Retrieved from Medium: https://vijayboyapati.medium.com/the-bullish-case-for-bitcoin-6ecc8bdecc1

Carter, N. (2019). *Ten Years of Bitcoin: Evaluating Its Performance as a Monetary System.*

Chainanalysis. (2022). *Crypto Crime Trends for 2022.*

CNMV. (2022). *Estafas y fraudes. Guía de CNMV.*

Donald, J. A. (2008, noviembre 2). Re: Bitcoin P2P e-cash paper. Correo electrónico a Satoshi.

European Union Agency for Criminal Justice Cooperation. (2022, 10 22). *Money laundering cases registered at Agency doubled in last 6 years according to Eurojust's new report.* Retrieved from Eurojust: https://www.eurojust.europa.eu/news/money-laundering-cases-registered-agency-doubled-last-6-years-according-eurojusts-new-report#:~:text=The%20United%20Nations%20Office%20on,Euros%20%2D%20is%20laundered%20each%20year.

Fidelity Digital Assets. (2022, 01). *Bitcoin First: Why investors need to consider bitcoin.* Retrieved from https://www.fidelitydigitalassets.com/sites/d efault/files/documents/bitcoin-first.pdf

Gladstein, A. (2022). *Check your Financial Privilege.* BTC Media LLC.

Investopedia. (2022, 09). *Intrinsic Value Defined and How It's Determined in Investing and Business.* Retrieved from https://www.investopedia.com/terms/i/intri nsicvalue.asp

Major, J. (2022, 09 15). *7 facts from Michael Saylor why Bitcoin mining is cleanest industrial use of electricity.* Retrieved from Finbold: https://finbold.com/7-facts-from-michael-saylor-why-bitcoin-mining-is-cleanest-industrial-use-of-electricity/

Nakamoto, S. (2008, 11 08). *Bitcoin P2P e-cash paper.* Retrieved from Cryptography Mailing List.

Nakamoto, S. (2008, octubre 31). *Bitcoin: A Peer-to-Peer Electronic Cash System.* Retrieved from bitcoin.org: http://www.bitcoin.org/bitcoin.pdf

Nakamoto, S. (2009, 12 10). *Re: Questions about Bitcoin.* Retrieved from BitcoinTalk.

Nakamoto, S. (2010, 08 07). *Re: Bitcoin minting is thermodynamically perverse.* Retrieved from BitcoinTalk.

Nakamoto, S. (2010, 08 07). *Re: Bitcoins are most like shares of common stock.* Retrieved from BitcoinTalk.

Nakamoto, S. (2010, julio 5). *Re: Slashdot Submission for 1.0.* Retrieved from Bitcoin Forum: https://bitcointalk.org/index.php?topic=234. msg1976#msg1976

Nakamoto, S. (2010, 02 14). *Re: What's with this odd generation?* Retrieved from BitcoinTalk.

NewLibertyStandard. (2009). *2009 Exchange Rate.* Retrieved from https://web.archive.org/web/200912291326 10/https://newlibertystandard.wetpaint.com/ page/Exchange+Rate

Poon, J., & Dryja, T. (2016). *The Bitcoin Lightning Network: Scalable Off-Chain Instant Payments.*

Sagan, C. (1979).

Saylor, M. (2022, 10 18). *Twitter.* Retrieved from https://twitter.com/saylor/status/158246204 5144125443?s=20

Tully, S. (2021, 10 27). *Fortune.*

ÍNDICE DE ILUSTRACIONES